ALBERT DEJEAN

UN VOYAGE

A
BRIVE-LA-GAILLARDE

TRIOLETS

Prix : 75 centimes

PARIS
IMPRIMERIE DE D. JOUAUST
Rue Saint-Honoré, 338
—
M DCCC LXXX

ALBERT DEJEAN

UN VOYAGE

A
BRIVE-LA-GAILLARDE

TRIOLETS

Prix : 75 centimes

PARIS

IMPRIMERIE DE D. JOUAUST

Rue Saint-Honoré, 338

M DCCC LXXX

A M. DES A.

HOMMAGE DE RECONNAISSANCE

ET D'AFFECTION

A. D.

UN VOYAGE

A

BRIVE-LA-GAILLARDE

Que sont les amis d'aujourd'hui !

Un jour je fus pris d'un désir :

Aller voir Brive-la-Gaillarde

Pour charmer deux mois de loisir :

Un jour je fus pris d'un désir.

Voyager, chercher le plaisir,

C'est de l'ennui la sauvegarde...

Un jour je fus pris d'un désir :

Aller voir Brive-la-Gaillarde.

Je possède un ami là-bas ;

Depuis dix ans il y demeure ;

J'irai chez lui sans embarras,

Je possède un ami là-bas.

J'y prendrai mon lit, mes repas,

Et pourrai rentrer à toute heure ;

Je possède un ami là-bas,

Depuis dix ans il y demeure.

Il faut le dire en commençant,

J'ai le nom d'un haut personnage

Politique, illustre, influent ;

Il faut le dire en commençant.

Comme lui, beau, bien fait et grand,

J'ai sa tournure et son visage,

Il faut le dire en commençant,

J'ai le nom d'un haut personnage.

Quelques jours avant mon départ
Pour me rendre dans la Corrèze,
J'errais sur le grand boulevard,
Quelques jours avant mon départ ;
Je reconnus dans un dogcart
Mon ami Victor de Saint-Blaise ;
Quelques jours avant mon départ
Pour me rendre dans la Corrèze.

Que le hasard est singulier !
C'était lui, mon ami de Brive,
J'étais ravi de le trouver ;
Que le hasard est singulier !
Ensemble, au beau temps d'écolier,
Nous avons traduit Tite-Live !...
Que le hasard est singulier !
C'était lui, mon ami de Brive...

Je lui fis part de mon dessein,

Mais tout à fait en confidence,

Et son front s'éclaira soudain...

Je lui fis part de mon dessein.

Il repartit le lendemain

M'ayant bien promis le silence ;

Je lui fis part de mon dessein,

Mais tout à fait en confidence...

C'était le deux du mois de mai

Que je ficelai ma valise ;

Avec bonheur je me levai...

C'était le deux du mois de mai.

Je fis querir au coin du quai

Une voiture de remise ;

C'était le deux du mois de mai

Que je ficelai ma valise.

Je pris l'express une heure après

Avoir quitté mon domicile...

Les cochers ont fait des progrès !

Je pris l'express une heure après.

Partez donc un jour tout exprès

Par ce train, pour voir comme il file...

Je pris l'express une heure après

Avoir quitté mon domicile.

Un moment avant d'arriver

J'étais déjà sur le qui-vive ;

Je m'arrangeai pour observer,

Un moment avant d'arriver.

J'aurais voulu voir activer

Les feux de la locomotive ;

Un moment avant d'arriver,

J'étais déjà sur le qui-vive...

Qui donc voyageait dans ce train?

Un préfet? peut-être un ministre?

Un grand homme, c'était certàin.

Qui donc voyageait dans ce train?

Attendait-on un souverain?

Déplorait-on quelque sinistre?

Qui donc voyageait dans ce train?

Un préfet? peut-être un ministre?

Une foule énorme était là,

Partout, aux abords de la gare,

Et chacun disait : « Le voilà. »

Une foule énorme était là.

Le maire en habit de gala

Apparaissait dans la bagarre ;

Une foule énorme était là,

Partout, aux abords de la gare.

Enfin on arrête. On descend,

De tous côtés on me regarde.

Eh bien! qu'ai-je donc d'étonnant?

Enfin on arrête, on descend.

Puis, au signal d'un commandant,

Voilà que la troupe est en garde.

Enfin on arrête... on descend...

De tous côtés on me regarde.

Pourquoi cette réception?

Mais c'est moi, oui, moi que l'on fête!

Quels hourrahs! quelle ovation!

Pourquoi cette réception?

Est-ce une nomination

Qui vient de fondre sur ma tête?

Pourquoi cette réception?

Mais c'est moi, oui, moi que l'on fête!

Le maire débite un discours

Me souhaitant la bienvenue;

On commence par là toujours ;

Le maire débite un discours.

Le sous-préfet, comme aux beaux jours,

Avait mis sa grande tenue.

Le maire débite un discours

Me souhaitant la bienvenue.

On me reçoit en vrai seigneur ;

On me prend pour le personnage :

La méprise a quelque douceur,

On me reçoit en vrai seigneur.

Puis tous les conseillers en chœur

Défilent, m'offrant leur hommage;

On me reçoit en vrai seigneur,

On me prend pour le personnage !

Après la présentation

On va de la gare à la ville ;

C'est comme une procession,

Après la présentation.

Les soldats sont en faction,

Et les sergents en serre-file,

Après la présentation

On va de la gare à la ville.

❄

Le déjeuner était dressé

Là-bas... à la sous-préfecture.

De m'y conduire on fut pressé ;

Le déjeuner était dressé,

Un toast me fut adressé,

J'y répondis... pas mal, je jure.

Le déjeuner était dressé

Là-bas, à la sous-préfecture.

Tous les jeux sont organisés,

La ville a pris un air de fête,

Et les balcons sont pavoisés;

Tous les jeux sont organisés.

Cirque, animaux apprivoisés,

Tirs, géant, femme à double tête,

Tous les jeux sont organisés.

La ville a pris un air de fête.

Minuit sonne, et tout est fini,

Repas, discours, bals, et le reste.

Par les marchands je suis béni...

Minuit sonne, et tout est fini!...

Un rêve d'un charme infini

Met le ruban rouge à ma veste!...

Minuit sonne, et tout est fini,

Repas, discours, bals, et le reste.

Le lendemain, autre splendeur,

Ce fut le comice agricole,

Et pour moi nouvelle faveur...

Le lendemain autre splendeur.

J'en fus le président d'honneur,

Et je remplis fort bien mon rôle...

Le lendemain autre splendeur,

Ce fut le comice agricole.

Le soir vint, et l'on attela,

Pour me reconduire à la gare,

Un véhicule de gala.

Le soir vint, et l'on attela.

Je fus sérieux jusque-là ;

Mais un incident se déclare...

Le soir vint, et l'on attela

Pour me reconduire à la gare.

Au lieu de les remercier,

Je me sens saisi d'un fou rire

Et fuis comme un mauvais caissier,

Au lieu de les remercier.

J'ai le temps de me réfugier

En wagon... On part... Je respire.

Au lieu de les remercier,

Je me sens saisi d'un fou rire.

Ils n'en peuvent croire leurs yeux,

Et restent muets de colère...

On s'était ainsi moqué d'eux!...

Ils n'en peuvent croire leurs yeux !

En vain ils veulent furieux

Avoir la clé de ce mystère...

Ils n'en peuvent croire leurs yeux,

Et restent muets de colère.

Le télégraphe a répondu

Aux questions! Dieu! quel scandale!

On se croirait l'esprit perdu,

Le télégraphe a répondu...

Or le personnage attendu

N'a pas quitté la capitale...

Le télégraphe a répondu

Aux questions! Dieu! quel scandale!

Je n'ai pas besoin d'insister,

Car d'ici vous voyez leur tête!..

J'aimais mieux n'y pas assister,

Je n'ai pas besoin d'insister...

Longtemps là-bas va subsister

Le souvenir de cette fête...

Je n'ai pas besoin d'insister,

Car d'ici vous voyez leur tête!..

Je m'en aperçus seulement

En repassant toute l'histoire,

Mon ami n'était pas présent ;

Je m'en aperçus seulement...

Oui, de ce tour, assurément,

Saint-Blaise est l'auteur, c'est notoire,

Je m'en aperçus seulement

En repassant toute l'histoire.

Que sont les amis d'aujourd'hui !...

Pylade n'est plus qu'en peinture...

Ma visite était un ennui !...

Que sont les amis d'aujourd'hui !

Il a craint de trop voir chez lui

Durer ma villégiature !

Que sont les amis d'aujourd'hui !

Pylade n'est plus qu'en peinture.

On m'a princièrement reçu,

Mais je ne connais pas la ville,

Et voilà mon projet déçu!...

On m'a princièrement reçu...

Orateur, président, j'ai su

Combien le talent est utile !

On m'a princièrement reçu,

Mais je ne connais pas la ville.

Je veux aller l'étudier,

Cette cité si florissante

Qu'on se plaît à calomnier ;

Je veux aller l'étudier.

On n'y doit jamais s'ennuyer,

Elle m'a semblé ravissante ;

Je veux aller l'étudier

Cette cité si florissante.

Mais j'aurai soin d'être prudent...

Pour que nul ne me reconnaisse :

On pourrait me montrer la dent,

Mais j'aurai soin d'être prudent.

De l'incognito, sagement,

Prenant le voile avec adresse,

J'aurai bien soin d'être prudent

Pour que nul ne me reconnaisse.

❦

Puis en paix je pourrai mourir,

J'aurai vu Brive-la-Gaillarde

Tout seul, en détail, à loisir...

Puis en paix je pourrai mourir.

Qu'avant d'exaucer ce désir

De tout danger le Ciel me garde !

Puis en paix je pourrai mourir,

J'aurai vu Brive-la-Gaillarde !

Août 1880.